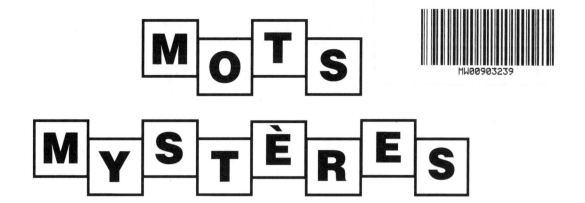

Jeux et activités

Illustrations et conception graphique : Dominique Pelletier
Conception des jeux : Julie Lavoie

ISBN-10 0-545-99595-7
ISBN-13 978-0-545-99595-5
Imprimé au Canada

Relie les déchets à la bonne poubelle

DÉCHETS

RECYCLAGE

COMPOSTAGE

2

Sous un soleil de plomb

C	L	U	M	I	E	R	E	E
H	O	P	J	R	H	N	B
A	O	U	T	O	I	T	R
L	L	S	C	M	U	O	I
E	A	E	A	H	S	R	L
U	Y	T	V	N	E	T	L
R	I	H	E	E	S	R	E
V	N	O	Y	A	R	E	R

ASTRE

BRILLER

CHALEUR

COUCHER

JOUR

LEVER

LUMIÈRE

RAYON

VITAMINE
La vitamine D se forme lorsque nous nous exposons au soleil.

(Mot de 13 lettres)

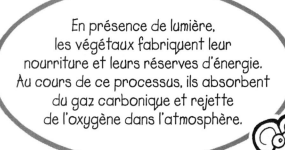

En présence de lumière, les végétaux fabriquent leur nourriture et leurs réserves d'énergie. Au cours de ce processus, ils absorbent du gaz carbonique et rejette de l'oxygène dans l'atmosphère.

Les conifères de chez nous

E	S	E	Q	U	O	I	A
T	H	U	Y	A	E	G	E
T	M	E	N	H	P	N	C
E	I	E	C	E	I	C	I
N	F	U	L	P	N	E	P
I	R	N	A	E	V	D	E
P	R	S	I	I	Z	R	E
E	R	C	Y	P	R	E	S

CÈDRE

CYPRÈS

ÉPICÉA

ÉPINETTE

IF

MÉLÈZE

PIN (2)

PRUCHE

SAPIN

SÉQUOIA

THUYA

(Mot de 9 lettres)

☐ ☐ ☐ ☐ ☐ ☐ ☐ ☐ ☐

Dessin à colorier

MEUH?

Les animaux de la ferme

E	R	V	E	H	C	V	D
E	S	D	I	N	D	E	R
T	L	I	L	E	H	A	A
E	A	V	B	C	A	U	N
L	P	U	A	E	N	G	A
U	I	V	P	O	R	C	C
O	N	F	U	E	O	B	G
P	E	N	O	T	U	O	M

AGNEAU

BŒUF

BREBIS

CANARD

CHÈVRE

DINDE

LAPIN

MOUTON

PORC

POULET

VACHE

VEAU

(Mot de 7 lettres)

☐ ☐ ☐ ☐ ☐ ☐ ☐

Se sucrer le bec en saison

F	R	U	I	T	S	E	C	U
R	F	R	A	I	S	E	M	P
A	A	E	T	I	M	Y	I	O
M	L	I	R	E	R	U	E	M
B	A	E	S	T	U	H	R	M
O	C	R	I	I	C	E	L	E
I	E	L	R	E	N	T	L	T
S	L	E	P	O	I	R	E	B
E	I	A	B	E	N	U	R	P

BAIE

BLEUET

CERISE

FRAISE

FRAMBOISE

FRUITS

MARRON

MÛRE

MYRTILLE

PÊCHE

POIRE

POMME

PRUNE

RAISIN

(Mot de 10 lettres)

☐ ☐ ☐ ☐ ☐ ☐ ☐ ☐ ☐ ☐

La planète bleue

E	F	L	O	G	N	A	T	E
T	P	R	R	C	S	E	U	R
C	N	M	I	O	E	A	I	I
F	L	E	U	V	E	A	P	A
I	J	R	U	S	I	C	N	U
T	C	O	S	L	H	E	A	T
E	T	I	R	U	F	L	R	S
I	U	O	T	D	N	F	A	E
R	S	E	D	A	C	S	A	C

AFFLUENT

CASCADE

CHUTE

ESTUAIRE

ÉTANG

FJORD

FLEUVE

GOLFE

LAC

MER

OCÉAN

RIVIÈRE

RUISSEAU

SOURCE

(Mot de 14 lettres)

9

D'un point â l'autre

RELIE LES NOMBRES PAIRS SELON L'ORDRE CROISSANT.

Les conditions climatiques

P	F	E	T	E	P	M	E	T
L	R	B	D	R	O	D	U	O
U	O	U	V	I	A	I	D	U
I	I	L	E	N	M	L	U	R
E	D	E	R	L	I	U	A	A
G	L	O	G	E	A	C	H	G
I	T	E	L	A	E	H	C	A
E	L	O	A	S	U	A	C	N
N	S	R	S	V	E	N	T	D

CHALEUR

CHAUD

FROID

GEL

HUMIDE

NEIGE

NUAGE

OURAGAN

PLUIE

SEC

SOLEIL

TEMPÊTE

TORNADE

VENT

VERGLAS

(Mot de 10 lettres)

Les animaux menacés

N	S	T	O	R	T	U	E	U
O	A	E	P	A	N	D	A	N
E	R	L	O	E	M	E	X	I
L	A	L	T	T	N	U	O	U
O	T	I	E	R	A	K	P	Q
P	A	R	U	R	C	C	I	E
A	U	O	N	E	G	C	A	R
N	T	G	G	T	I	I	O	C
E	L	E	P	H	A	N	T	N

CACATOÈS
Cacatoès à huppe jaune

ÉLÉPHANT
Éléphant d'Asie

ÉTOURNEAU
Étourneau de Bali – oiseau

GECKO
Gecko à queue feuillue – reptile

GORILLE
Gorille des montagnes

NAPOLÉON
Poisson exotique d'Asie

PANDA
Panda géant

PUMA
Félin

REQUIN
Grand requin blanc

TIGRE
Tigre du Bengale

TORTUE
Tortue à nez de cochon

TUATARA
Reptile de Nouvelle-Zélande

(Mot de 10 lettres)

☐ ☐ ☐ ☐ ☐ ☐ ☐ ☐ ☐ ☐

La pollution, la chasse, la pêche et le déboisement
figurent parmi les nombreuses raisons pour
lesquelles certaines espèces animales sont en voie
de disparition. Malgré les efforts combinés des
gouvernements, d'organisations et d'individus,
la liste des espèces menacées, ou vulnérables,
continue de s'allonger au fil des ans.

D'un point à l'autre

RELIE LES NOMBRES PAIRS SELON L'ORDRE CROISSANT.

Dessin à colorier

L'énergie

C	N	U	C	L	E	A	I	R	E	E
S	O	L	A	I	R	E	G	C	E	L
E	N	M	V	E	L	A	O	R	E	E
G	G	E	B	O	Z	N	W	G	S	C
T	N	A	R	U	O	C	A	C	S	T
T	C	T	T	M	S	R	T	H	E	R
I	E	H	I	L	E	T	T	A	N	I
P	G	S	O	P	O	V	I	R	C	C
O	E	A	M	C	R	V	E	B	E	I
R	M	A	Z	O	U	T	V	O	L	T
P	I	L	E	O	L	I	E	N	N	E

AMPÉRAGE

CHARBON

CHOC

COMBUSTIBLE

COURANT

ÉCONOMISER

ELECTRICITÉ

ÉOLIENNE

ESSENCE

GAZ (2)

MAZOUT

NUCLÉAIRE

PÉTROLE

PILE

SOLAIRE

VENT

VOLT

VOLTAGE

WATT

(Mot de 10 lettres)

Les métaux

E	T	A	I	N	M	R	E	F
M	C	N	I	Z	U	N	M	E
E	E	H	A	C	I	E	R	Z
R	G	T	R	T	N	V	L	N
C	A	A	A	O	I	L	E	O
U	L	L	I	U	M	U	K	R
R	P	R	C	L	U	E	C	B
E	G	B	M	O	L	P	I	I
T	N	E	G	R	A	A	N	E

ACIER

ALLIAGE

ALUMINIUM

ARGENT

BRONZE

CHROME

CUIVRE

ÉTAIN

FER

MERCURE

NICKEL

PLATINE

PLOMB

ZINC

(Mot de 11 lettres)

☐ ☐ ☐ ☐ ☐ ☐ ☐ ☐ ☐ ☐ ☐

Encercle 5 sources de pollution dans chaque image

D'un point à l'autre

RELIE LES NOMBRES SELON L'ORDRE CROISSANT.

Des poubelles... trop pleines!

D	G	A	E	L	B	A	T	E	J
D	E	C	H	E	T	R	E	E	T
C	O	G	S	M	I	G	D	U	O
A	D	P	R	B	N	M	I	Q	X
R	E	I	P	A	P	E	L	I	I
T	U	I	D	L	D	T	O	T	Q
O	R	I	L	L	L	A	S	S	U
N	V	A	B	A	C	L	B	A	E
L	A	T	E	G	E	V	G	L	E
V	E	R	R	E	T	E	J	P	E

BAC

CARTON

DÉCHET

DÉGRADABLE

EMBALLAGE

JETABLE

JETER

MÉTAL

ODEUR

PAPIER

PLASTIQUE

SOLIDE

TOXIQUE

TRI

VÉGÉTAL

VERRE

VIDANGE

(Mot de 10 lettres)

☐ ☐ ☐ ☐ ☐ ☐ ☐ ☐ ☐ ☐

19

Roches et minéraux

G	E	E	T	I	C	L	A	C	O
E	A	P	Y	R	I	T	E	L	E
T	M	R	E	D	A	J	O	C	T
I	A	I	D	L	G	E	I	R	I
H	M	L	C	O	T	L	S	I	R
C	A	L	C	A	I	R	E	S	O
A	R	I	G	S	E	S	L	T	U
L	B	A	S	A	L	T	E	A	L
A	R	Q	U	A	R	T	Z	L	F
M	E	E	T	I	H	P	A	R	G

AGATE

ARDOISE

BASALTE
C'est de la lave d'un volcan qui durcit au contact de l'air ou de l'eau.

CALCAIRE
Il y a souvent des fossiles dans les roches calcaires.

CALCITE

CRISTAL

FLUORITE

GRAPHITE
Il y en a dans tes crayons à mine!

JADE

MALACHITE

MARBRE

MICA

QUARTZ

PYRITE

SEL

SILICE
Il y en a dans le verre.

TALC (2)
Il y en a dans les cosmétiques.

(Mot de 8 lettres)

☐ ☐ ☐ ☐ ☐ ☐ ☐ ☐

Savais-tu que la pierre ponce flotte? Claire et friable, on l'utilise souvent pour adoucir la peau des pieds.

BEURK!

Des trésors dans la roche

Parmi les énoncés suivants, trouve celui qui est **FAUX.**

(Réponse à la page 40)

1 Le diamant, l'émeraude, le saphir et le rubis sont des pierres précieuses.

2 La perle vient d'un animal et non d'une roche.

3 Le bronze se retrouve à l'état naturel dans la nature.

4 On donne le nom de gemmes aux minéraux utilisés pour faire des bijoux.

5 Le quartz existe dans une grande variété de couleurs.

Janvier :	Grenat (rouge)
Février :	Améthyste (violet)
Mars :	Aigue-marine (bleu-vert)
Avril :	Diamant (incolore et transparent)
Mai :	Émeraude (vert)
Juin :	Perle (blanc rosé et opaque)
Juillet :	Rubis (rouge)
Août :	Péridot (vert clair)
Septembre :	Saphir (bleu transparent)
Octobre :	Opale (opaque ou translucide à reflet bleuté)
Novembre :	Topaze (jaune transparent)
Décembre :	Turquoise (son nom l'indique!)

Quelle est ta pierre de naissance?

Dessine un bijou avec ta pierre de naissance. Par exemple, tu peux faire une bague, une breloque, une broche ou une boucle d'oreille.

Trouve le mot caché

Biocarburant

Covoiturage

Déchets

Marcher

Pédaler

Pollution

Réutiliser

Place les mots suivants dans la grille en comptant les lettres et en t'aidant de celles qui y sont déjà placées. Tu trouveras le mot caché dans la ligne verticale ombrée.

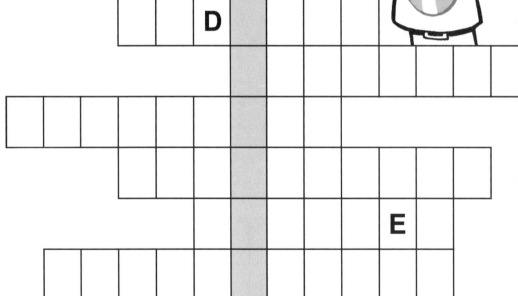

Ce mot désigne le milieu géographique dans lequel vit une espèce animale ou végétale.

Laquelle de ces silhouettes est la mienne?

Les petites créatures

E	N	O	T	E	N	N	A	H	E
L	M	I	O	N	U	O	U	L	S
U	A	M	T	O	I	R	L	C	N
L	R	R	P	L	Q	E	G	I	O
L	E	U	A	L	N	C	U	G	L
E	I	O	T	I	Q	U	E	A	L
B	S	F	C	R	G	P	P	L	I
I	U	C	U	G	E	N	E	E	P
L	O	S	E	L	L	I	E	B	A
C	B	M	O	U	C	H	E	E	P

ABEILLE

ARAIGNÉE

BOUSIER

CIGALE

COCCINELLE

FOURMI

GRILLON

GUÊPE

HANNETON

LIBELLULE

MOUCHE

PAPILLON

POU

PUCERON

TIQUE

(Mot de 10 lettres)

☐ ☐ ☐ ☐ ☐ ☐ ☐ ☐ ☐ ☐

24

Un potager dans ma cour

N	I	O	S	L	I	T	U	O	L
P	S	R	D	I	U	E	R	S	E
S	E	H	E	T	L	E	E	P	G
E	M	L	E	N	S	L	O	L	U
N	E	U	L	U	I	U	O	A	M
I	R	R	E	E	S	D	B	N	E
A	R	R	O	S	E	R	R	T	S
R	C	R	E	H	C	E	B	A	A
G	G	R	E	C	O	L	T	E	J
E	T	E	R	R	E	M	R	E	G

ARROSER

BÊCHER

CREUSER

GERMER

GRAINES

JARDINIER

LÉGUMES

OUTILS

PELLE

PLANT

POUSSER

RÉCOLTE

SEMER

SILLONS

SOIN

TERRE

TUTEUR

(Mot de 10 lettres)

☐ ☐ ☐ ☐ ☐ ☐ ☐ ☐ ☐ ☐

MIAM!

Fleurs sauvages

T	C	L	E	M	A	T	I	T	E
I	E	V	I	O	L	E	T	T	E
L	N	L	L	I	N	A	I	R	E
N	E	L	U	P	O	R	L	E	N
E	N	I	L	N	E	I	L	N	O
S	U	S	N	U	A	F	I	A	D
S	P	E	G	I	E	P	S	D	R
I	H	R	S	R	R	T	M	R	A
P	A	O	T	A	E	I	T	A	H
M	R	N	I	R	O	N	S	B	C

ASTER

BARDANE

CAMPANULE

CHARDON

CLÉMATITE

IRIS

LINAIRE

LISERON

MARGUERITE

NÉNUPHAR

PISSENLIT

TRÈFLE

VIOLETTE

(Mot de 13 lettres)

☐ ☐ ☐ ☐ ☐ ☐ ☐ ☐ ☐ ☐ ☐ ☐ ☐

Par le vent ou par les insectes, pour plus de fleurs!

GRRRRRRRRRRR

Créatures des mers

B	N	I	H	P	U	A	D	M	A
A	E	L	A	U	Q	R	O	R	M
L	U	L	M	I	A	F	T	N	M
E	Q	E	O	L	R	O	A	A	S
I	O	E	U	U	L	S	R	R	E
N	H	A	O	A	G	S	I	V	C
E	P	M	H	R	O	A	E	A	A
E	A	C	E	U	Q	R	O	L	T
R	A	I	I	L	O	U	T	R	E
C	N	N	M	O	R	S	E	S	C

BALEINE

BÉLOUGA
On peut aussi écrire béluga.

CACHALOT

CÉTACÉS

DAUPHIN

ÉPAULARD

LOUTRE

MARSOUIN

MORSE

NARVAL

ORQUE (2)

OTARIE

PHOQUE

RORQUAL

(2 mots - 16 lettres)

□ □ □ □ □ □ □ □ □ □

□ □ □ □ □ □

Malheureusement, plusieurs espèces de cétacés
sont menacées. Chaque jour, des bâteaux remplis
de touristes prennent le large pour aller observer
les baleines. C'est passionnant! Toutefois,
pour ne pas déranger les baleines dans
leur habitat, il faut les observer à distance.
Apportez de bonnes jumelles!

L'activité de l'homme et la pollution

P	R	O	D	U	C	T	I	O	N	U
T	I	E	R	E	N	G	R	A	I	S
R	N	N	D	B	B	E	O	E	A	A
O	C	I	N	I	J	O	G	M	S	V
P	E	S	B	E	C	A	I	P	S	I
S	N	U	T	R	L	I	H	S	Z	O
N	D	S	I	L	U	A	T	A	E	N
A	I	S	A	A	L	I	G	S	T	R
R	E	B	E	T	O	N	T	I	E	O
T	M	N	E	R	U	T	I	O	V	P
E	H	C	E	P	R	U	S	M	O	G

ASPHALTE

AVION

BÉTON

BRUIT

DÉBOISER

EMBALLAGE

ENGRAIS

GAZ

INCENDIE

PESTICIDE

PRODUCTION

REJETS

SMOG (2)

SURPÊCHE

TRANSPORT

USINE

VOITURE

(Mot de 12 lettres)

☐ ☐ ☐ ☐ ☐ ☐ ☐ ☐ ☐ ☐ ☐ ☐

Trouve le mot caché

Place les mots suivants dans la grille en comptant les lettres et en t'aidant de celles qui y sont déjà placées. Tu trouveras le mot caché dans la ligne verticale ombrée.

Climat

Écosystème

Érosion

Glacier

Habitat

Inondation

Terre

Toxique

Urbanisation

Animaux de chez nous

T	S	C	I	P	E	C	R	O	P	S	F
A	A	C	A	R	I	B	O	U	E	I	R
X	E	M	A	R	M	O	T	T	E	R	E
E	N	T	I	S	R	U	O	U	C	U	C
R	S	Y	T	A	T	Y	V	N	O	O	O
V	I	I	L	E	O	O	E	O	U	S	R
E	T	D	O	C	F	N	R	L	G	E	I
I	I	R	A	B	I	F	E	F	A	V	G
L	P	A	A	M	R	U	U	U	R	U	N
O	A	N	R	T	V	E	G	O	E	A	A
U	W	E	S	R	A	T	G	M	M	H	L
P	H	R	E	L	I	U	E	R	U	C	E

CARIBOU

CASTOR

CERF

CHAUVE-SOURIS

COUGAR

COULEUVRE

COYOTE

ÉCUREUIL

GERBOISE

HERMINE

LIÈVRE

LOUP

LYNX

MARMOTTE

MOUFETTE

MOUFLON

ORIGNAL

OURS

PORC-ÉPIC

RAT (2)

RENARD

TAMIA

WAPITI

(Mot de 8 lettres)

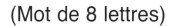

Associie le mot à sa définition

1 Biodégradable

A Organisme modifié pour lui donner une caractéristique nouvelle et améliorée

2 Biologique

B Empoisonné

3 Récupérer

C Préparation d'un engrais composé de terre et de déchets organiques

4 Incinérer

D Qui provient d'organismes vivants ou de matières vivantes transformés naturellement

5 Transgénique

E Carburant fabriqué à partir de ressources renouvelables comme les végétaux (l'éthanol en est un)

6 Toxique

F Qui se décompose naturellement par d'autres organismes vivants

7 Compostage

G Réduire en cendres

8 Organique

H Cultivé naturellement, sans l'usage de substances artificielles

9 Énergivore

I Un autre mot pour recycler

10 Biocarburant

J Qui consomme beaucoup d'énergie

Qui mange qui?

Exemple :

 POULE 2

 RENARD 1

 VER 3

 HARENG

 GASTON

 PLANCTON

 SAUMON

 OISEAU

 COCCINELLE

 CHAT

 PUCERON

Laquelle de ces silhouettes est la mienne?

1

2

3

4

5

Cultiver la terre

U	L	E	N	O	N	G	I	P	M	A	H	C
O	I	E	V	E	F	P	O	I	V	R	O	N
H	U	S	I	A	M	B	P	A	T	A	T	E
C	O	T	C	A	R	O	T	T	E	U	B	R
E	N	A	N	O	I	E	L	I	A	O	U	B
L	E	Y	C	E	P	P	T	H	S	A	M	
E	F	O	L	I	M	O	C	T	P	E	E	O
R	L	S	N	L	A	I	T	U	E	R	R	C
I	O	A	G	R	T	S	P	I	R	B	I	N
Q	R	H	A	R	I	C	O	T	G	E	O	O
D	U	D	A	T	O	M	A	T	E	S	P	C
O	I	G	N	O	N	I	E	V	I	D	N	E
S	E	C	H	A	L	O	T	E	V	A	N	E

AIL (2)
ARTICHAUT
ASPERGE
BETTERAVE
BROCOLI
CAROTTE
CÉLERI
CHAMPIGNON
CHOU
CONCOMBRE
ÉCHALOTE
ENDIVE
FENOUIL
FÈVE
ÉPINARD
HARICOT
HERBES
LAITUE
MAÏS
NAVET
OIGNON
PATATE
PIMENT
POIVRON
POIREAU
POIS
RADIS
SOYA
TOMATE

(Mot de 10 lettres)

☐ ☐ ☐ ☐ ☐ ☐ ☐ ☐ ☐ ☐

Dans le bac à recyclage

Encercle les déchets
qui, à ton avis,
sont recyclables.

Volatiles en tous genres

H	O	R	T	B	R	E	I	V	R	E	P	E
I	U	L	E	N	E	C	O	R	B	E	A	U
B	I	A	R	L	E	R	T	H	L	N	E	N
O	R	N	E	E	L	O	N	L	P	O	S	A
U	E	I	N	N	L	E	E	A	I	R	S	R
A	I	D	N	M	I	R	D	O	C	E	A	O
E	V	R	O	L	E	O	E	N	I	H	C	M
N	U	A	D	T	N	S	M	M	O	E	E	R
R	L	C	R	R	R	O	A	E	I	R	B	O
U	P	U	A	A	O	G	S	N	I	A	I	C
O	O	P	H	U	C	U	A	I	G	L	E	H
T	I	E	C	H	B	D	N	A	L	E	O	G
E	I	R	B	I	L	O	C	A	N	A	R	D

AIGLE
BÉCASSE
BERNACHE
BUSE
CANARD
CARDINAL
CHARDONNERET
COLIBRI
CORBEAU
CORMORAN
CORNEILLE
ÉPERVIER
ÉTOURNEAU
GEAI
GOÉLAND
HÉRON
HIBOU
HIRONDELLE
HUART
MERLE
MÉSANGE
MOINEAU
OIE
PIC
PIE
PLUVIER
TOURTERELLE

(Mot de 12 lettres)

☐ ☐ ☐ ☐ ☐ ☐ ☐ ☐ ☐ ☐ ☐ ☐

Trouve huit différences

Savais-tu qu'en hiver, chauffer le moteur d'une voiture prend moins qu'une minute? Un moteur qui tourne au ralenti ne brûle pas complètement l'essence et rejette plus de pollution dans l'air. Si on pense laisser tourner un moteur au ralenti pendant plus de 10 secondes, mieux vaut... couper le moteur!

Est-ce que tu participes?

Est-ce que tu fais un effort pour ne pas gaspiller le papier?

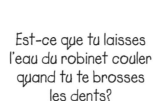

Est-ce que tu laisses l'eau du robinet couler quand tu te brosses les dents?

Laisses-tu l'ordinateur allumé lorsque tu ne l'utilises pas?

Est-ce que tu restes longtemps sous la douche, même si tu as fini de te laver?

GLISSSSSE

Laisses-tu la lumière allumée lorsque tu quittes une pièce?

Éteins-tu la télé lorsque tu ne la regardes plus?

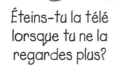

Solutions

MOTS MYSTÈRES

Page 3 PHOTOSYNTHÈSE
Page 4 GENÉVRIER
Page 7 ÉLEVAGE
Page 8 CUEILLETTE
Page 9 PRÉCIPITATIONS
Page 11 BROUILLARD
Page 12 EXTINCTION
Page 15 ÉNERGIVORE
Page 16 MÉTALLURGIE
Page 19 GASPILLAGE

Page 20 GÉOLOGIE
Page 24 MOUSTIQUES
Page 25 DÉSHERBAGE
Page 27 POLLINISATION
Page 28 MAMMIFÈRES MARINS
Page 29 URBANISATION
Page 31 SAUVAGES
Page 35 BIOLOGIQUE
Page 37 ORNITHOLOGIE

SILHOUETTES

Page 23 N° 3
Page 34 N° 2

MOTS CACHÉS

Page 22 HABITAT
Page 30 ÉQUILIBRE

SOURCES DE POLLUTION

Page 17

Dessin 1

- GAZ D'ÉCHAPPEMENT DU MOTEUR DU BATEAU
- BOUTEILLE
- PNEU
- HAMEÇON
- DÉCHET PRÈS DE LA PLANTE

Dessin 2

- FUMÉE D'USINE
- GAZ D'ÉCHAPPEMENT DE LA VOITURE
- FLAQUE D'HUILE
- CANETTE
- MÉGOT DE CIGARETTE

QUI MANGE QUI?

Page 33

3 1 4 2

2 3 1 4

TROUVE HUIT DIFFÉRENCES

Page 38

1 NUAGE DERRIÈRE LA VOITURE
2 IMAGE SUR LE PANNEAU DE SIGNALISATION
3 ANTENNE DE LA VOITURE
4 MOTIFS SUR LA TUQUE
5 PEINTURE SUR LA PORTIÈRE
6 MOTIFS SUR LA ROUE AVANT
7 LIGNE SUR LA BANQUETTE
8 POSITION DU BOUCHON D'ESSENCE

PAGE 2

DÉCHETS : BAS, SOULIER, CRAYON

RECYCLAGE : BOÎTE, BOUTEILLE DE VERRE, CANETTE, FEUILLE DE PAPIER, BOUTEILLE EN PLASTIQUE, BOÎTE DE JUS

COMPOSTAGE : BEIGNE, PELURE DE BANANE, POMME

PAGE 21

L'ÉNONCÉ N° 3 EST FAUX. ON OBTIENT LE BRONZE EN MÉLANGEANT LE CUIVRE ET L'ÉTAIN.

PAGE 32

1-F, 2-H, 3-I, 4-G, 5-A, 6-B, 7-C, 8-D, 9-J, 10-E